AF371207

9 Juin 1900.

VENTE DU SAMEDI 9 JUIN 1900

HOTEL DROUOT, SALLE N° 6

à deux heures

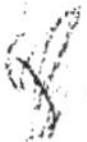

OBJETS D'ART

ET

D'AMEUBLEMENT

PETIT COLLIER EN PERLES FINES

Trois Violoncelles, dont deux du XVIIIe siècle

PORCELAINES ET FAIENCES

OBJETS VARIÉS, ÉMAUX CLOISONNÉS

Sculptures

PENDULES, BRONZES, MEUBLES

COFFRE-FORT DE HAFFNER

TOILES TIRÉES

EXPOSITION PUBLIQUE

LE VENDREDI 8 JUIN 1900

DE 1 HEURE 1/2 A 5 HEURES 1/2

COMMISSAIRE-PRISEUR

Mᵉ PAUL CHEVALLIER, 10, rue Grange-Batelière

EXPERTS

Pour les Violoncelles	*Pour les Objets d'Art*
M. SILVESTRE	**MM. MANNHEIM**
20, faubourg Poissonnière, 20	7, rue Saint-Georges, 7

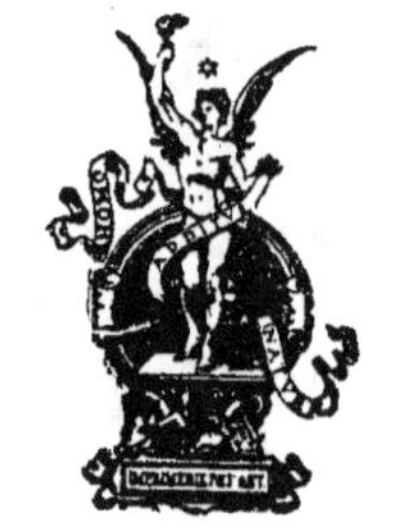

INDIVISIBILITER

CONDITIONS DE LA VENTE

Elle sera faite au comptant.

Les acquéreurs paieront *cinq pour cent* en sus des prix d'adjudication.

L'exposition mettant le public à même de se rendre compte de l'état et de la nature des objets, il ne sera admis aucune réclamation une fois l'adjudication prononcée.

Paris — Imp. de l'Art E. Moreau et Cie, 41, rue de la Victoire

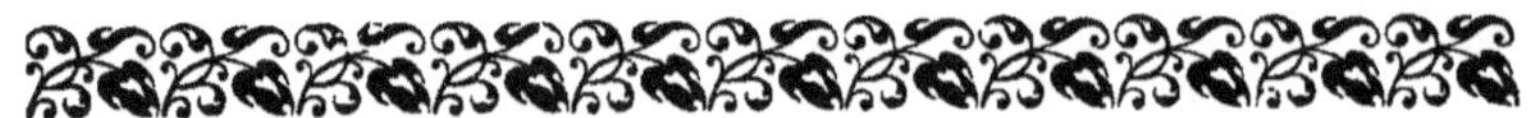

DÉSIGNATION DES OBJETS

BIJOUX

1 — Collier, composé de soixante-trois perles fines, avec fermoir en or et turquoise.

VIOLONCELLES

2 — Violoncelle italien, marqué *Montagnana,* année 1741.

3 — Violoncelle, de *Claude Pierray, Paris 1714.*

4 — Violoncelle, *Bernardel père, Paris 1850.*

PORCELAINES ET FAIENCES

5 — Trois assiettes armoriées, ancienne porcelaine de Chine.

6 — Plat creux, fleurs sur fond carrelé rouge de fer. Ancienne porcelaine de Chine.

7 — Plat creux, fleurs et oiseaux. Même porcelaine.

8 — Plat, décor bleu, personnages et habitations. Chine.

9 — Plat creux, corbeille de fleurs. Même porcelaine.

10 — Quatorze panneaux étroits, ancienne porcelaine de Chine, paysages et rinceaux. Encadrés.

11 à 13 — Huit plats variés, porcelaine de Chine.

14 — Deux paires de lampes, Chine moderne et faïence, et deux jardinières, Chine moderne.

15 — Deux compotiers, l'un, Chine, décor bleu, dragons; l'autre, Japon, à côtes.

16 — Quatre plats variés, porcelaine du Japon.

17 — Vasque, poterie japonaise, à personnages.

18 — Deux chimères, grès de Chine.

19 — Deux statuettes, grès de Chine.

20 — Carreau, faïence de Damas. Encadré.

21 — Deux bannettes, fleurs. Rouen.

22 — Six assiettes et un plat, armoiries, Moustiers; et assiette, genre Moustiers.

23 — Deux assiettes, vase de fleurs et arbuste. Faïence italienne du XVIIIe siècle.

24 — Cinq pièces : Saladier; plat creux orné de feuilles; plat, fleurs; plat, guirlandes, et plat décoré d'un buste. Faïence.

25 — Deux pièces : plat, porcelaine, aux armes de France, et assiette, ornée d'un buste de femme.

26 — Sept pièces : personnage sur une chèvre ; deux statuettes, deux chiens, perroquet, groupe. Porcelaine.

27 — Deux supports-appliques, porcelaine.

28 — Deux coupes, porcelaine, fond bleu, montées bronze.

29 — Deux cache-pots, arbustes et oiseaux. Porcelaine.

30 — Grande jardinière, faïence décorée de fleurs.

31 — Plaque, céramique : château de Pierrefonds

32 — Deux vases, poterie : fleurs.

33 — Violon, faïence.

34 — Quatre consoles-appliques, faïence.

35 — Miroir, cadre de porcelaine, à décor d'amours.

36 — Deux potiches, à pans, avec couvercles ; décor de fleurs, faïence.

37 — Vasque, porcelaine ; décor de fleurs.

38 — Deux statuettes en céramique : Jeune homme et jeune femme en costumes Louis XVI.

39 — Deux vases, ornés de paysages, porcelaine dure.

40 — Deux miroirs gravés, dans des cadres de faïence italienne.

41 — Deux plaques en faïence hollandaise. Genre Delft.

OBJETS VARIÉS
DE LA CHINE ET DU JAPON

42 — Deux grands vases, émail cloisonné de la Chine : fleurs sur fond bleu.

43 — Grand plateau, émail cloisonné de la Chine : dragon sur fond bleu, chute à compartiments.

44 — Deux vasques, émail cloisonné de la Chine : fleurs et oiseaux, fond bleu.

45 — Deux vases carrés surmontés d'un motif ajouré, émail cloisonné de la Chine.

46 — Paire de lampes, émail cloisonné de la Chine ; fond bleu.

47 — Cinq plats, émail cloisonné. Japon et Chine.

48 — Quatre panneaux, laque du Japon, avec applications de nacre, etc. Encadrés.

49 — Brûle-parfums, bronze de la Chine.

50 — Deux fontaines variées, bronze du Tonking ; décor de fleurs.

51 — Six tasses et six soucoupes, bronze du Tonking ; avec six cuillères.

52 — Deux petits supports-étagères, bois. Chine.

53 — Deux sabres japonais.

54 — Kakémono : fleurs et oiseaux. Japon.

OBJETS DIVERS

55 — Deux groupes, argent : l'Enlèvement de Déjanire, l'Enlèvement d'Europe. Socles en bois noir garnis argent.

56 — Petit panneau peint sur albâtre, à fleurs et oiseaux.

57 — Deux pièces : tambourin et médaillon-buste de Visconti, en bronze.

58-59 — Deux lustres en verre de Venise.

60 — Assiette, étain : Portrait de Henri IV.

61 — Porte-Koran, incrusté, à décor de motifs réguliers.

62 — Aiguière et bassin, cuivre uni. Travail oriental.

63 — Deux statuettes en bois sculpté : chanteur et joueur de triangle. XVIIe siècle.

64 — Deux panneaux Renaissance, en bois sculpté, à décor de motifs irréguliers.

65 — ÉCOLE FRANÇAISE. Portrait de femme en corsage noir. Toile. Encadré.

66 — Deux encadrements en chêne sculpté, à fleurs et moulures.

67 — Triptyque en bois sculpté, de style gothique.

68 — Porte-parapluie en cuivre.

69 — Lampe d'église en cuivre.

70 — Petite lampe en dinanderie.

71 — Coffre-fort de Haffner.

SCULPTURES

72 — Buste de femme en marbre blanc, grandeur nature, par *J. Clésinger, 1871 :* la tête est légèrement tournée vers l'épaule droite ; la poitrine est couverte d'une draperie ornée de fleurs et retenue par un ruban.

73 — Deux statuettes d'enfants en marbre blanc, tenant un plateau en marbre rouge griotte : base en marbre rouge griotte. Signées : *A. Carrier.*

74 — Statuette, en marbre blanc, d'amour endormi.

75 — Buste de femme, en marbre blanc, grandeur nature, de face, la tête tournée légèrement vers l'épaule gauche.

76 — Buste de jeune femme, en marbre blanc, grandeur nature, les épaules nues. Signé : *F. Franzoni.*

77 — Statuette en marbre blanc : femme debout, d'après l'antique.

78 — Bas-relief, en terre cuite : Bacchus.

BRONZES ET PENDULES

79 — Garniture de cheminée, bronze, pendule et deux candélabres, à décor de statuettes de bacchantes et d'enfants bacchants.

80 — Pendule en bronze et marbre blanc : Vénus et l'amour. Style Louis XVI.

81 — Paire de candélabres à deux lumières en bronze, à figurines de nymphes. Époque Restauration.

82 — Statuette en bronze : Vénus accroupie, d'après l'antique.

83 — Écritoire, bronze et marbre jaune, ornée d'un groupe de personnages. Époque Restauration.

84 — Pendule, bronze et marbre griotte : l'Étude.

85 — Deux candélabres Empire, bronze et marbre griotte.

86 — Deux chenets en bronze, modèle à vase et galerie.

MEUBLES

87 — Chaise-longue Louis XVI, en bois sculpté et peint blanc, à décor de fleurs et moulures : elle est garnie, mais non couverte.

88 — Écran ovale, en bois doré, feuille en étoffe bleue rayée.

89 — Fauteuil en bois doré, dossier à lyre et feuillages, couvert en étoffe à fond marron.

90 — Secrétaire Louis XVI en [ac]jou, garni de cuivres ; dessus de marbre.

91 — Table-bureau, en bois de placage et bronzes.

92 — Commode-toilette, en marqueterie et bois de couleurs, garnie de bronzes.

93 — Ecran à abattant, en bois de placage.

94 — Petit bureau, bonheur-du-jour, bois de placage.

95 — Petit guéridon-étagère à trois tablettes, cristal et bronze.

96-97 — Deux consoles, bois doré, coquille et fleurs; dessus de marbre blanc. Style Louis XV.

98 — Console, bois doré, ornée d'instruments de musique sur l'entretoise; dessus de marbre blanc. Style Louis XV.

99 — Meuble de salon, bois doré et tapisserie à fleurs; canapé, cinq fauteuils et une chaise.

100 — Armoire normande, chêne sculpté, guirlandes et figures.

101 — Cabinet, bois noir gravé et guilloché.

102 — Deux supports, bois sculpté, négrillons.

103 — Deux torchères, amours, bois doré.

104 — Support, bois noir, incrusté de cuivre.

105 — Cabinet, bois, sur support à pieds tors.

106 — Support, bois peint noir et doré à palmettes.

107 — Deux supports, en bois sculpté, à pieds-griffes.

108 — Deux supports-appliques, bois sculpté, à statuettes d'enfants.

109 — Six supports-appliques, bois sculpté : dragons.

110 — Deux supports à quatre pieds décorés de fleurs, bois sculpté.

111 — Support à pieds-griffes, bois sculpté.

112 — Paravent, à quatre feuilles ; peintures sur étoffe, et glace ; garni peluche rouge.

113 — Paravent, à trois feuilles, bois doré, décoré de peintures au vernis, à sujets champêtres.

114 — Petit paravent, à six feuilles mobiles, de soie brochée.

115 — Écran, feuille brodée, à dessin de fleurs.

116 — Deux miroirs, cadres en bois doré, à mascaron et fleurs.

117 — Trois cadres de glaces.

118 — Glace, dans un cadre Louis XVI, en bois sculpté, peint blanc et doré, à feuillages et vase.

119 — Glace, dans un cadre Louis XV, en bois doré, à palmettes et rocailles.

120 — Glace, dans un cadre, bois doré. Style Louis XV.

121 — Glace, cadre, bois noir ajouré et sculpté.

122 — Glace, dans un cadre en laque du Japon.

123 — Deux fauteuils, canapé avec coussins, guéridon à dessus de marbre, bois ajouré et sculpté. Travail chinois.

124 — Table en bois sculpté incrusté de burgau. Chine. Dessus de marbre.

125 — Deux tabourets chinois, bois sculpté : dessus de marbre.

126 — Lit, de style Louis XVI, en marqueterie de bois et bronzes.

127 — Armoire à glace accompagnant le lit précédent.

ÉTOFFES, TOILES TIRÉES

128 à 130 — Huit gilets, soie et satin brochés de métal et de soie. XVIIIe siècle. (Seront divisés.)

131 à 140 — Quatorze panneaux, couvre-lits, napperons, toile tirée, de diverses époques. (Seront divisés.)

141 — Napperon, coton brodé de soie. Travail vénitien.

142 — Trois bandes de guipure variées.